ЛЕОНИД
ФИЛАТОВ

Леонид Филатов

Про Федота-стрельца, удалого молодца

Сказка для театра

по мотивам русского фольклора

Издательство АСТ
ZEBRA E
МОСКВА

УДК 821.161.1-3Филатов Л.А.
ББК 84 (2Рос=Рус)6
Ф51

Филатов, Л.А.

Ф51 Про Федота-стрельца, удалого молодца : сказка для театра по мотивам русского фольклора / Леонид Филатов. — М.: АСТ: Зебра Е, 2009. — 128 с.

ISBN 978-5-17-057975-4 (ООО «Изд-во АСТ»)
ISBN 978-5-94663-744-2 (ООО «Изд-во Зебра Е»)

УДК 821.161.1-3Филатов Л.А.
ББК 84 (2Рос=Рус)6

ISBN 978-985-16-6545-3
(ООО «Харвест»)

Жене моей Нине
посвящается

Действующие лица

Скоморох-Потешник
Федот
Маруся
Царь
Царевна
Нянька
Генерал
Баба-яга
Голос
Тит Кузьмич
Фрол Фомич
Послы, стража, свита, народ

Скоморох-Потешник

Верьте аль не верьте, а жил на белом свете Федот-стрелец, удалой молодец. Был Федот не красавец, не урод, не румян, не бледен, не богат, не беден, не в парше, не в парче, а так, вообче. Служба у Федота – рыбалка да охота: царю – дичь да рыба, Федоту – спасибо. Гостей во дворце – как семян в огурце: энтот – из Швеции, энтот – из Греции, энтот – с Гавай – и всем жрать подавай! Энтому – омаров, энтому – кальмаров, энтому –

сардин, а добытчик-то один! Как-то раз дают ему приказ: чуть свет поутру явиться ко двору. Царь на вид сморчок, башка с кулачок, а злобности в ём – агромадный объем. Смотрит на Федьку – как язвенник на редьку. На Федьке от страха намокла рубаха, в висках застучало, в пузе заурчало... тут, как говорится, и сказке начало...

Царь

К нам на утренний рассол
Прибыл аглицкий посол,
А у нас в дому закуски –
Полгорбушки да мосол.

Снаряжайся, братец, в путь
Да съестного нам добудь –
Глухаря аль куропатку,
Аль ишо кого-нибудь.

Не смогешь – кого винить? –
Я должон табе казнить.
Гусударственное дело –
Ты улавливаешь нить?..

Федот

Нешто я да не пойму –
При моем-то при уму –
Чай не лаптем щи хлебаю,
Соображаю, что к чему.

Получается – на мне
Вся политика в стране:
Не добуду куропатки –
Беспременно быть войне.

Чтобы аглицкий посол
С голодухи не был зол –
Головы не пожалею –
Обеспечу разносол!..

Скоморох-Потешник

Слово царя тверже сухаря: пошлет на медведя – пойдешь и на медведя – а куда деваться – надо, Федя! Или дичь и рыба – или меч и дыба. Обошел Федот сто лесов, сто болот, да токо все зазря: ни куропатки, ни глухаря! Устал, нет мочи, да и дело к ночи – хошь с пустой сумой – а пора домой. Вдруг видит – птица, лесная голубица, сидит – не таится, ружья не боится...

Федот

Вот несчастье, вот беда:
Дичи нету и следа.
Подстрелю-ка голубицу –
Хошь какая да еда!

А вобче-то говоря,
Голубей ругают зря:
Голубь – ежели в подливке –
Не хужее глухаря...

Голубица

Ты, Федот, меня не трожь –
Пользы в энтом ни на грош:
И кастрюлю не наполнишь,
И подушку не набьешь.

Чай, заморский господин
Любит свежий галантин –
А во мне какое мясо –
Так, не мясо – смех один...

Федот

То ли леший нынче рьян,
То ли воздух нынче пьян,

То ли в ухе приключился
У меня какой изъян,

То ль из царских из окон
Оглашен такой закон –
Чтобы птицы говорили
Человечьим языком?..

Голубица

Не твори, Федот, разбой, –
А возьми мене с собой.
Как внесешь мене в светелку –
Стану я твоей судьбой.

Буду шить, стирать, варить,
За обиды не корить,
И играть табе на скрипке,
И клопов табе морить...

Федот

Что за притча – не пойму...
Ладно, лезь ко мне в суму.
Там, на месте, разберемся,
Кто куды и что к чему...

Скоморох-Потешник

Принес Федот горлинку к себе, значит, в горенку – сидит невесел, головушку повесил. И есть для кручины сурьезные причины: не сладилась охота у нашего Федота, а царь шутить не любит – враз башку отрубит. Сидит Федот печалится, с белым светом прощается. Вспомнил о птице, лесной голубице, – глядь, а средь горенки заместо той горлинки – стоит красна девица, стройная, как деревце!..

Маруся

Здравствуй, Федя!.. Ты да я –
Мы таперь одна семья.
Я жена твоя – Маруся,
Я супружница твоя.

Что молчишь, мил друг Федот,
Как воды набрамши в рот –
Аль не тот на мне кокошник,
Аль наряд на мне не тот?..

Федот

На табе, моя душа,
Век глядел бы не дыша,
Токо стать твоим супругом
Мне не светит ни шиша!..

Был я ноне чуть заря
На приеме у царя,

Ну и дал мне царь заданье –
В смысле, значит, – глухаря.

Хошь на дичь и не сезон –
Спорить с властью не резон.
Ладно, думаю, – добуду:
Чай, глухарь, а не бизон.

Проходил я цельный день,
А удачи – хошь бы тень:
Ни одной сурьезной птицы –
Все сплошная дребедень...

И таперь мне, мил дружку,
Не до плясок на лужку:
Завтра царь за энто дело
Мне оттяпает башку.

А такой я ни к чему –
Ни на службе, ни в дому –

Потому как весь мой смысел –
Исключительно в уму!..

Маруся

Не печалься и не хнычь:
Будет стол, и будет дичь.
Ну-ко станьте предо мною,
Тит Кузьмич и Фрол Фомич!..

Маруся хлопает в ладоши – появляются два дюжих молодца.

Коли поняли приказ –
Выполняйте сей же час!

Молодцы

Не извольте сумлеваться:
Чай, оно – не в первый раз!

Скоморох-Потешник

А царь с послом уже сидят за столом. Рядом – ты глянь-ка! – царевна да нянька. И все ждут от Феди обещанной снеди. Какая беседа без сытного обеда? А на столе пусто: морковь да капуста, укроп да петрушка – вот и вся пирушка. Гость скучает – ботфортой качает, дырки на скатерти изучает. Царь серчает – не замечает, как Федьку по матери величает. Вдруг – как с неба: каравай хлеба, икры бадейка, тушеная индейка, стерляжья уха, телячьи потроха – и такой вот пищи – названий до тыщи! При эдакой-то снеди – как не быть беседе!..

Царь

Вызывает антирес
Ваш технический прогресс:

Как у вас там сеют брюкву –
С кожурою али без?

Посол

Йес!

Царь

Вызывает антирес
Ваш питательный процесс:
Как у вас там пьют какаву –
С сахарином али без?

Посол

Йес!

Царь

Вызывает антирес
И такой ишо разрез:

Как у вас там ходют бабы –
В панталонах али без?..

Посол

Йес!

Нянька

Постеснялся хоть посла б!
Аль совсем башкой ослаб?
Где бы что ни говорили –
Все одно – сведет на баб!

Царь

Ты опять в свою дуду?
Сдам в тюрьму, имей в виду!
Я ж не просто балабоню –
Я ж политику веду!

Девка эвон подросла,
А тоща, как полвесла!
Вот и мыслю, как бы выдать
Нашу кралю за посла!

Токо надо пользы для
Завлекать его не зля –
Делать тонкие намеки
Невсурьез и издаля.

Нянька

Да за энтого посла
Даже я бы не пошла –
Так и зыркает, подлюка,
Что бы стибрить со стола!

Он тебе все «йес» да «йес»,
А меж тем все ест да ест.
Отвернись – он пол-Расеи
Заглотнет в один присест!

Царь

Али рот себе зашей,
Али выгоню взашей!
Ты и так мне распужала
Всех заморских атташей!

Даве был гишпанский гранд –
Уж и щеголь, уж и франт!
В кажном ухе по брильянту –
Чем тебе не вариянт?

Ты ж подстроила, чтоб гость
Ненароком сел на гвоздь,
А отседова у гостя –
Политическая злость!..

Нянька

Как же, помню! Энтот гранд
Был пожрать большой талант:

С головою влез в тарелку,
Аж заляпал жиром бант.

Что у гранда ни спроси –
Он, как попка, – «си» да «си»,
Ну а сам все налегает
На селедку иваси.

Царь

Я за линию твою
В Соловках табе сгною!
Я с тобою не шуткую,
Я сурьезно говорю!

Из Германии барон
Был хорош со всех сторон,
Дак и то не утерпела –
Нанесла ему урон.

Кто ему на дно ковша
Бросил дохлого мыша?

Ты же форменный вредитель,
Окаянная душа!..

Нянька

Да уж энтот твой барон
Был потрескать недурен!
Сунь его в воронью стаю –
Отберет и у ворон.

С виду гордый – «я-а» да «я-а»,
А прожорлив, как свинья,
Дай солому – съест солому:
Чай, чужая, не своя!..

Царь

Ну, шпиёнка, дай-то срок –
Упеку тебя в острог!
Так-то я мужик не злобный,
Но с вредителями строг.

Вот ответь мне – слов не трать!
Где царевне мужа брать?
Чай, сама, дурында, видишь –
Женихов у ей – не рать!

Кабы здесь толпился полк –
В пререканьях был бы толк,
Ну а нет – хватай любого,
Будь он даже брянский волк!..

Царевна

Коли ты в Расее власть,
Дак и правь Расеей всласть,
А в мою судьбу не суйся
И в любовь мою не влазь!

В доме энтих атташе
По сту штук на этаже,
Мне от их одеколону
Аж не дышится уже!..

Царь

Коль любовь и вправду зла,
Дак полюбишь и посла.
А попутно мне поправишь
И торговые дела.

Я под энтот антирес
Сплавлю им пеньку и лес.
Вся обчественность согласна,
Токо ты идешь вразрез!..

Царевна

Скоко б ты ни супил бровь –
Повторяю вновь и вновь:
Индивид имеет право
На слободную любовь!

Может, дело наконец
И дошло бы до колец –

Кабы вдруг меня посватал
Твой Федотушко-стрелец!..

Царь

Цыц, дуреха! Замолчи!
Тесту место у печи!
Ну-ко марш к себе в светлицу
И сольфеджию учи!

А проклятого стрельца,
Наглеца и подлеца,
Я плетьми да батогами
Враз отважу от дворца!..

Скоморох-Потешник

Был у царя генерал, он сведенья собирал. Спрячет рожу в бороду – и шасть по городу. Вынюхивает, собака, думающих инако. Подслушивает разговорчики – а вдруг в стране заговорщики? Где чаво услышит – в книжечку запишет. А в семь в аккурат – к царю на доклад.

Царь

Что невесел, генерал?
Али корью захворал,
Али брагою опился,
Али в карты проиграл?

Али армия мала,
Али служба не мила,
Али в пушке обнаружил
Повреждение ствола?

Докладай без всяких врак,
Почему на сердце мрак, –
Я желаю знать подробно,
Кто, куда, чаво и как!

Генерал

Был я даве у стрельца,
У Федота-удальца.
Как узрел его супругу –
Так и брякнулся с крыльца.

Третий день – ей-ей не вру! –
Саблю в руки не беру,
И мечтательность такая,
Что того гляди помру!

А намедни был грешок –
Чуть не выдумал стишок,
Доктора перепужались,
Говорят: любовный шок...

Царь

Обошел мине стрелец!..
А ведь знал, что я вдовец!.

Ну-ко мигом энту кралю
Мне доставить во дворец!

А коварного стрельца
Сей же час стереть с лица.
Чтобы он не отиралси
Возле нашего крыльца!..

Генерал

Умыкнуть ее – не труд,
Да народец больно крут:
Как прознают, чья затея, –
В порошок тебя сотрут!

Дерзкий нонче стал народ –
Не клади им пальца в рот –
Мы не жалуем Федота,
А народ – наоборот!

Царь

Ты у нас такой дурак
По субботам али как?
Нешто я должон министру
Объяснять любой пустяк?

Чтоб худого про царя
Не болтал народ зазря,
Действуй строго по закону,
То бишь действуй... втихаря.

Ну а я уж тут как тут –
Награжу тебя за труд:
Кузнецам дано заданье –
Орден к завтрему скуют.

Скоморох-Потешник

Целый день генерал ум в кулак собирал. Все кумекал в поте лица – как избавиться от стрельца. Да в башке мысли от напряга скисли. Вспомнил на досуге об старой подруге, Бабе-яге-костяной ноге. Пойду-ко к ней – она поумней!.. А та середь дубравы собирает травы, варит всяческие отравы. Как увидела генерала – все гербарии растеряла. Соскучилась в глуши без родственной души!..

Баба-яга

Ты чавой-то сам не свой,
Не румяный, не живой!..
Али швед под Петербургом,
Али турок под Москвой?..

Съешь осиновой коры –
И взбодришься до поры:
Чай, не химия какая,
Чай, природные дары!

В ейном соке, генерал,
Есть полезный минерал –
От его из генералов
Ни один не помирал!..

Генерал

Полно, бабка! Я не хвор!..
Отойдем-ка за бугор!..
Расшугай ежей и белок,
Есть сурьезный разговор.

Тут у нас один стрелец –
Шибко грамотный, стервец!..
Вот и вышло мне заданье –
Извести его вконец!

Токо как?.. Башку срубить –
Дак молва начнет трубить!..
Не поможешь ли советом,
Как хитрей его сгубить?..

Баба-яга

Колдуй, баба, колдуй, дед,
Трое сбоку – ваших нет,
Туз бубновый, гроб сосновый,
Про стрельца мне дай ответ!..

Коль он так ретив и скор,
Что с царем вступает в спор, –
Пусть он к завтрему добудет
Шитый золотом ковер.

Чтоб на ем была видна,
Как на карте, вся страна.
Ну а коли не добудет –
То добытчика вина!..

Генерал

Ай да бабка! Ай да спец!
Вот и хлопотам конец!

Хоть вынай тебя из ступы –
Да министром во дворец!

Ноне с немцем нелады,
Далеко ли до беды –
А с тобою я готовый
Хоть в разведку, хоть куды!

За добро плачу добром:
Хошь – куницей,
хошь – бобром,
А не хошь – могу монетой,
Златом али серебром!..

Баба-яга

Полно, голубь, не греши,
Убери свои гроши, –
Я ведь энто не для денег,
Я ведь энто для души.

Будет новая беда –
Прямиком спеши сюда.
Чай, и мы в лесу не звери,
Чай, поможем завсегда!..

Скоморох-Потешник

Зовет царь стрельца, удалого молодца. Ишо не дал задание, а уж сердит заранее. Руками сучит, ногами стучит, очами вращает – в обчем стращает. Уж так ему охота извести Федота, что ажно прямо в костях ломота!..

Царь

Раздобудь к утру ковер –
Шитый золотом узор!..
Государственное дело, –
Расшибись, а будь добер!

Чтоб на ем была видна,
Как на карте, вся страна,
Потому как мне с балкону
Нет обзору ни хрена!

Не найдешь, чаво хочу, –
На башку укорочу,
Передам тебя с рассветом
Прямо в лапы палачу!

Скоморох-Потешник

Пришел Федот домой, от горя немой. Сел в уголок, глядит в потолок, ясные очи слезой заволок. Маня есть кличет, а он шею бычит, ничаво не хочет, супится да хнычет...

Маруся

Ты чаво сердит, как еж?
Ты чаво не ешь не пьешь?

Али каша подгорела,
Али студень нехорош?

Федот

Да какая там еда!
Царь лютует – прям беда!
Нет на энтого злодея
Ни управы, ни суда!

Раздобудь, кричит, ковер,
Шитый золотом узор,
Шириной во всю Расею,
В сто лесов и в сто озер!..

Маруся

Не кручинься и не хнычь!
Пусть лютует старый хрыч!
Ну-ко станьте предо мною,
Тит Кузьмич и Фрол Фомич!..

Маруся хлопает в ладоши – появляются два дюжих молодца.

Коли поняли приказ –
Выполняйте сей же час!

Молодцы

Не извольте сумлеваться,
Чай, оно не в первый раз!

Скоморох-Потешник

Наутро Федот – у царевых ворот. Пришел на прием, и ковер при ем. Стоит улыбается, стражи не пугается. Царь удивился – аж икрой подавился. Злоба его точит, а показать не хочет. Делает взгляд, что вроде бы рад!..

Федот

Ты вчерась просил ковер –
Ну дак я его припер.
Все согласно договору –
И рисунок, и колер.

Вся Расеюшка сполна
На ковре отражена.
Сей ковер тебе в подарок
Соткала моя жена!..

Царь

Ай да ухарь! Ай да хват!
На сколькех же ты женат?
Али ты сосватал сразу
Цельный ткацкий комбинат?

У тебя, Федот, жена,
Хоть умна, да все ж одна!

А соткать такое за ночь –
Их дивизия нужна!..

Федот

Аль ковер не тешит взор?
Аль не тот в ковре узор?
Ну дак я его под мышку –
Да и кончен разговор!

Чтоб не зря пропасть трудам,
Я купцам его продам,
И пущай он из Расеи
Уплывает в Амстердам!..

Царь

Мне б огреть тебя плетьми,
Четырьмя али пятьми,
Чтобы ты не изгалялся
Над сурьезными людьми!

Но, поскольку я спокон
Чту порядок и закон –
Вот тебе пятак на водку
И пошел отседа вон!..

Скоморох-Потешник

Зовет царь генерала, штырь ему в забрало! У царя рожа на свеклу похожа, а кады он красный – он на руку опасный! Бьет зараза не больше раза, но попадает не мимо глаза. Энто генерал на себе проверял: с начала сказки ходит в повязке!..

Царь

Ну, браток, каков итог?
Обмишурился чуток?
Только сей чуток потянет
Лет примерно на пяток!

Ты у нас широк в плечах,
А башкой совсем зачах.
Вот умишко и поправишь
На казенных-то харчах!..

Генерал

Упеки меня в острог
На какой угодно срок –
Все одно сия наука
Не пойдет мне, дурню, впрок!

Мне бы саблю! Да коня –
Да на линию огня!
А дворцовые интрижки –
Энто все не про меня!

Царь

Ты мне, вашеблагородь,
Брось горячку-то пороть!

Ты придумай –
как без сабли
Нам Федота побороть!

Ну а будешь дураком –
Не ищи вины ни в ком:
Я тебе начищу рыло –
Лично энтим кулаком!..

Скоморох-Потешник

Зря генерал руки потирал: не вышло с налета погубить Федота. Опять у бедняги башка в напряге. А в башке, слышь-ка, ну хоть бы мыслишка! Думал-думал – ничаво не надумал. Как ни крутись – без яги не обойтись, поперся опять в дубраву – искать на Федьку управу!..

Баба-яга

Ты чаво опять смурной?
Что причиной, кто виной?
Аль гишпанец гоношится,
Аль хранцуз пошел войной?..

Вот из плесени кисель!
Чай, не пробовал досель?
Дак испей – и враз забудешь
Про мирскую карусель!

Он на вкус не так хорош,
Но зато сымает дрожь,
Будешь к завтрему здоровый,
Если только не помрешь!..

Генерал

Я опять насчет стрельца!
Нет беде моей конца!

Оттого я и хвораю,
Оттого и спал с лица.

До чего ж подлец хитер –
Всем вокруг носы утер!
Сколь ты тут не колдовала,
А добыл он тот ковер!

Хоть на вид он и простак,
А башкой варить мастак,
Так что впредь колдуй
сурьезней –
С чувством, так твою растак!..

БАБА-ЯГА

Колдуй, баба, колдуй, дед,
Трое сбоку – ваших нет,
Туз бубновый, гроб сосновый,
Про стрельца мне дай ответ!

Так!.. Эге!.. Угу!.. Ага!..
Вот что вызнала яга:
Пусть он сыщет вам оленя,
Чтоб из золота рога!..

Обыщи весь белый свет –
Таковых в природе нет!
Энто я тебе, голуба,
Говорю, как краевед!..

Скоморох-Потешник

Зовет царь стрельца, удалого молодца. Не успел наш Федот утереть с рожи пот, а у царя-злодея – новая затея. Царь бурлит от затей, а Федька потей! В обчем, жисть у Федьки – хуже горькой редьки!..

Царь

Ну-ко сбрось хандру и лень
И – в дорогу сей же день!
Государственное дело –
Позарез нужон олень!

Коли ты царю слуга –
Подь за горы, за луга
И сыщи мне там оленя,
Чтоб из золота рога.

Не гунди и не перечь,
А поди и обеспечь,
А не то в момент узнаешь,
Как башка слетает с плеч!..

Скоморох-Потешник

Пришел Федот домой, сопли – бахромой! Сел перед лучиной в обнимку с кручиной. Жена-красавица на шею бросается, а он к жене и не прикасается! Сидит, плачет – горюет, значит!..

МАРУСЯ

Ты чаво глядишь сычом?
Аль печалися об чем?
Аль в солянке мало соли,
Аль бифштекс недоперчен?

ФЕДОТ

Да какой уж там обед!
Царь замучил – спасу нет!
Поутру опять придется
Перед ним держать ответ!

Энтот царь лютей врага –
Снова шлет меня в бега:

Отыщи, кричит, оленя,
Чтоб из золота рога!..

Маруся

Не печалься и не хнычь!
Есть печали и опричь!
Ну-ко станьте предо мною,
Тит Кузьмич и Фрол Фомич!

Маруся хлопает в ладоши – п оявляются два дюжих молодца.

Коли поняли приказ –
Выполняйте сей же час!

Молодцы

Не извольте сумлеваться –
Чай, оно не в первый раз!..

Скоморох-Потешник

Наутро свет Федот – у царевых ворот. Пришел на прием, и олень при ём. У царя от гнева закололо слева. Раздавил бы гниду, но не кажет виду. Сидит, зевает – злобу скрывает.

Федот

Чай, заждалси? Добрый день!
Глянь в окно, когда не лень!
Ты заказывал оленя –
Ну дак вот тебе олень!

И – заметь! – рога на нем
Так и пыхают огнем,
От него без всякой лампы
По ночам светло, как днем!..

Царь

Тех оленей – ты не ври! –
Нет ни в Туле, ни в Твери.
Что в Твери – в самом Багдаде
Их от силы штуки три!

А теперь прикинь, солдат, –
Где Москва, а где Багдад!
Али ты смотался за ночь
До Багдаду и назад?..

Федот

Ну даешь, ядрена вошь!
И олень тебе не гож?
А вчерась мытарил душу:
Вынь оленя да положь!..

Коли ты и так богат, –
Я верну его в Багдад.

Кто там нонича у власти? –
То-то парень будет рад!..

Царь

Ты мне, Федька, энто брось
Иль с башкою будешь врозь!
Я твои намеки вижу
Исключительно наскрозь!

Ну да ладно, за престиж
Разве черта не простишь!
Вот тебе пятак на водку
И катись куды хотишь!..

Скоморох-Потешник

Вызывает царь генерала – ажно прям из-под одеяла. Генерал в панике, ищет подштанники, понимает – зовут не на пряники! Царь на троне сидит – на весь мир сердит. Черный от злости, как ворон на погосте!..

Царь

Сколь ни бился ты, милок, –
Не попал Федот в силок!
Об тебе уже составлен
Фицияльный некролог.

Только надобно решить,
Как верней тебя решить:
Оглоушить канделябром
Аль подушкой задушить?..

Генерал

Оплошал я, государь!
Вот те сабля, хочешь – вдарь!
Только больше тем Федотом
Мне мозги не скипидарь!

Что дурак – не обессудь!
У меня иная суть!
Мне б куды-нибудь в атаку.
Аль на штурм куды-нибудь!..

Царь

Ты с мечом-то боевой,
Только вот чаво усвой:
Побеждать Федота надо
Не мечом, а головой!

Ну а будешь так же скор,
Как ты был до энтих пор, –
Я табе, коровья морда,
Сам пристрою под топор!..

Скоморох-Потешник

Наш дурак снова ум напряг. А и было того ума – невеликие закрома.

Думал-думал – ничаво не надумал. Свистнул псов ораву – и к яге в дубраву. Увидала та генерала – сиганула аж до Урала. Но опомнилась и вернулась: как бы хуже не обернулось!..

Баба-яга

Ты чавой-то не в себе!
Вон и прыщик на губе!
Ой, растратишь ты здоровье
В политической борьбе!..

Спробуй заячий помет!
Он – ядреный! Он проймет!
И куды целебней меду,
Хоть по вкусу и не мед.

Он на вкус хотя и крут,
И с его, бывает, мрут,

Но какие выживают –
Те до старости живут!..

ГЕНЕРАЛ

Ты мне, бабка, не крути!
Ты изыскивай пути!
Ты придумай, как Федота
До могилы довести!

Сколь ни билась ты, яга,
А не вышло ни фига!
Только ты не притворяйси,
Будто на ухо туга.

Ты башку себе продуй
Да потщательней колдуй.
Наш стрелец, как оказалось,
Не такой уж обалдуй!..

Баба-яга

Вообче-то я хитра
В смысле подлости нутра,
Но чавой-то мне севодня
Не колдуется с утра!..

Все и колет, и болит,
И в груди огнем палит!..
Я давно подозреваю
У себя энцефалит!..

Ой, чавой-то худо мне!
Слышь, как хрумкает в спине?
Словом, раз такое дело –
Я вообче на билютне!

Генерал

Захворала – не беда!
Съешь лягушку из пруда!

Нет надежней медицины,
Чем природная среда!

Ты морочить мне мозги
Даже думать не моги!
Лучше всю свою подлючесть
На работу напряги!

А полезешь на рожон –
Выну саблю из ножон!
Ты хотя мне и подруга,
Но порядок быть должон!..

Баба-яга

Колдуй, баба, колдуй, дед,
Трое сбоку – ваших нет,
Туз бубновый, гроб сосновый,
Про стрельца мне дай ответ!

Пусть Федот проявит прыть,
Пусть сумеет вам добыть

То-Чаво-На-Белом-Свете –
Вообче-Не-Может-Быть!

Ну, Федот, таперь держись!
Дело верное, кажись!
Вот уж энтого заданья
Ты не выполнишь ни в жисть!..

Скоморох-Потешник

Зовет царь стрельца, удалого молодца. Опять поручение государственного значения. Да когда же кончится энто мучение! А меж тем сказке – далеко до развязки!..

Царь

Исхитрись-ка мне добыть
То-Чаво-Не-Может-Быть!
Запиши себе названье,
Чтобы в спешке не забыть!

А не выполнишь к утру –
В порошок тебя сотру,
Потому как твой карахтер
Мне давно не по нутру!

Так что неча губы дуть,
А давай скорее в путь!
Государственное дело –
Ты ухватываешь суть?

СКОМОРОХ-ПОТЕШНИК

Пришел Федот домой – жутче смерти самой! Бел, как мел, лицом занемел. Сел у окна – в глазах пелена. Кинулась Маня, а он – ноль внимания: будешь в печали, коли смерть за плечами!..

МАРУСЯ

Ну-кось душу мне излей,
Отчаво ты черта злей?

Аль в салате по-милански
Не хватает трюфелей?..

Федот

Я твое, Марусь, меню
Исключительно ценю,
Только жисть мою, Маруся,
Загубили на корню!

Что мне делать?
Как мне быть?..
Как беду мою избыть?
Приказал мне царь доставить
То-Чаво-Не-Может-Быть!..

Маруся

Не печалься и не хнычь!
Стоит только кинуть клич!

Ну-ко станьте предо мною,
Тит Кузьмич и Фрол Фомич!

Маруся хлопает в ладоши – появляются два дюжих молодца.

Коли поняли приказ –
Выполняйте сей же час!

Пауза.

Молодцы

Извиняемся, хозяйка,
Энто дело не про нас!

Кабы схемку аль чертеж,
Мы б затеяли вертеж,
Ну а так – ищи сколь хочешь,
Черта лысого найдешь!

Где искать и как добыть
То-Чаво-Не-Может-Быть?

Ведь его ж на свете нету,
Сколько землю ни копыть...

МАРУСЯ

Не взыщи, мил-друг Федот,
Не велик с меня доход!
Знать, судьба тебе, соколик,
Самому идти в поход!

За границей не блуди,
В чистоте себя блюди.
В разговоры не мешайся
И знакомств не заводи!

Избегай пустых морок,
Избегай кривых дорог,
Думай больше о здоровье,
Ешь сметану и творог!..

Федот

Ты, Марусь, того, не трусь!
Образуется, Марусь!
Сполню царское заданье –
И целехоньким вернусь!

Без меня не унывай!
Чаще фикус поливай!
Хошь – играй на балалайке,
Хошь – на пяльцах вышивай!

Ну а сунется такой,
Кто нарушит твой покой, –
Мне тебя учить не надо:
Сковородка под рукой!..

Скоморох-Потешник

Ушел Федот в заморский поход.
Узнал про то генерал – последний ум

потерял. Бежит наш хитрец к царю во дворец – доложить, что стрельцу конец. Уж и дырку для ордена просверлил, толстомордина!..

Царь

Хороша ль, плоха ли весть –
Докладай мне все как есть!
Лучше горькая, но правда,
Чем приятная, но лесть!

Только если энта весть
Снова будет не Бог весть –
Ты за эдакую правду
Лет на десять можешь сесть!..

Генерал

Докладаю: чуть заря
Федька поднял якоря!

Слава Богу, отвязались
От него, от упыря!

Вот пущай он, паразит,
По морям и егозит –
Нам с тобою энту харю
Больше видеть не грозит!..

Царь

Ну-кось, нянька, подь сюды,
Принимайся за труды –
Рви из темечка волосья
Те, которые седы.

А какие не седы –
Те расчесывай в ряды.
Да полегче гребешком-то –
У меня там не сады!..

Нянька

Что ж чесать-то, старый черт,
Коли лысину печет?!
У тебя ж тут кажный волос
Надо ставить на учет!..

И на кой тебе нужна
В энтом возрасте жена?
Ведь тебе же, как мужчине,
Извиняюсь, грош цена!..

Царь

Хоть волосьев я лишен,
А жениться я должон!
Шах персидский тоже лысый –
А имеет сорок жен!

Я ж хочу всего одну
Завести себе жену!

Нешто я в интимном смысле
И одну не потяну?..

Нянька

Дак у шаха-то, видать,
Есть и силушка, и стать –
А тебя, сверчок ты дохлый,
С-под короны не видать!

У тебя в твои лета
Сила все ж таки не та!
Поберег бы ты здоровье –
Ведь тебе уж больше ста!..

Царь

Эка важность – больше ста!
Лишь бы кровь была густа!
Говорят, любви покорны
Все буквально возраста!

Так что, нянька, хошь не хошь,
А и я на дело гож!
Коли все любви покорны,
Дак и я покорный тож!..

Нянька

Ты, дружок, из тех мужей,
Что безвреднее ужей:
Егозят, а не кусают,
Не сказать ишо хужей!..

Чтоб чужую бабу скрасть,
Надо пыл иметь и страсть!
А твоя сейчас задача –
На кладбище не попасть!..

Царь
(Генералу)

Ну а ты чаво молчишь
Да медальками бренчишь?

Аль не видишь, как поганют
Государственный престиж?

Нянька гнет меня в дугу,
А министер – ни гугу!
Ты у нас по обороне,
Вот и дай отпор врагу!..

Генерал

Дак ведь бабьи-то суды
Про мужчин всегда худы!
Ты в себе не сумлевайся,
Ты любовник хоть куды!

Гордый профиль,
твердый шаг,
Со спины – дак чистый шах!
Токо – сдвинь корону набок,
Чтоб не висла на ушах!..

Царь

(*Няньке*)

Вот министер – мне не враг,
Все как есть сказал без врак,
А ведь он мужик неглупый,
Не гляди, что он дурак.

От тебя ж – один бедлам,
Стыд царю, конфуз послам!
Я давно антиресуюсь:
Ты не засланная к нам?..

Не шпионь и не вреди,
А осмелишься – гляди!
Разговор у нас с тобою
Будет крупный впереди!..

Скоморох-Потешник

Едет царь к Мане оказывать внимание. Сам в карете сидит, деколоном смердит, за царем свита – напудрена, завита, за свитою сундук – козинаки и фундук. Все честь по чести – едет царь к невесте!..

Царь

По заданию царя
Федька отбыл за моря!
В обчем, я его отседа
Сплавил, проще говоря!

Чтоб не бедствовать одной,
Становись моей женой!
А чаво?.. Мужик я видный
И на ласку заводной!..

Маруся

Не успел ишо Федот
Шагу сделать от ворот,

А уж вороны слетелись
На Федотов огород!..

Царь

Ты мне, девка, не дури!
Предлагают – дак бери!
Чай, к тебе не каждый вечер
Ходют вдовые цари!..

Сей же час, я говорю,
Собирайся к алтарю!
Очумела от восторга,
Дак нюхни нашатырю!

Маруся

Ты уж лучше, государь,
За другими приударь!
Мне ж забота – ждать Федота
Да глядеть на календарь!

Царь

Полно, девка, – слухи врут!
Ждать стрельца –
напрасный труд.
Он в каком-нибудь Гонконге
Жрет какой-нибудь гриб-фрут!

Ты сама, дуреха, взвесь:
Он-то там, а ты-то здесь!
Нет таперича Федота,
Был Федот, да вышел весь!

Маруся

Хоть секи меня бичом,
Хоть руби меня мечом –
Все одно твоей супругой
Я не стану нипочем!

Царь

Ты, Марусь, меня не зли
И конфликт со мной не дли!
Мне намедни из Парижу
Гильотину привезли!

В свете сказанного мной –
Лучше будь моёй женой!
У меня ведь тоже нервы,
Я ведь тоже не стальной!

Маруся

Уходи, постылый, прочь
И в мужья себя не прочь!
Не уйдешь – дак я могу и
Сковородкою помочь!

Царь

Эй, робяты у дверей, –
В кандалы ее скорей!
Энто что ишо за мода –
Сковородками в царей!

Вот помаешься в тюрьме –
И поправишься в уме!
Сколь ты, девка, ни кобенься,
А поженимся к зиме!..

Маруся

Изловить меня, балда,
Много надобно труда!
До свиданья, друг мой ситный,
Может, свидимся когда...

Маруся превращается в голубицу и улетает.

Скоморох-Потешник

Проплавал Федот без малого год. Ел халву, ел хурму – а свое держал в уму! Чудес в мире – как мух в сортире, а нужного чуда – не видать покуда. Тревожится Федот – время-то идет! Решил без истерики: съезжу до Америки. Плывет Федот средь бескрайних вод, впереди – закат, позади – восход. Вдруг средь похода – спортилась погода. Не было напасти – и на тебе, здрасьте: корабль – хрясь! – и распался на части!.. Прошла гроза – открыл Федот глаза: лежит на волне, невредимый вполне. Видит: островок торчит, как поплавок. Добрался до берега, думал – Америка. Вынул карту, сверил-ка – ан нет, не Америка, а остров Буян, будь он окаян, – может, в карте какой изъян?! Сидит Федот икает, в обстановку вникает...

Федот

Сколь по прихоти царя
Я ни плавал за моря –
Не видал паршивей места,
Откровенно говоря!

Ну и остров – прям тоска! –
Сплошь из камня да песка,
И доколь хватает глазу –
Ни речушки, ни леска!..

Да оно бы не беда,
Кабы здесь была еда, –
Окажись тут лебеда бы,
Дак сошла б и лебеда!..

Голос

Кто охочий до еды –
Пусть пожалует сюды:
У меня еды навалом,
У меня ее пуды!

Вот, к примеру, получи
Прям из печки калачи,
Вот жаркое из индейки,
Вот компот из алычи!

Вот колбасы, вот сыры,
Вот полцентнера икры,
Вот карибские омары,
Вот донские осетры!..

Появляются столы с яствами.

Федот

Энто что за чудеса?
Энто что за голоса?
Тут и спрятаться-то негде –
Окиян да небеса!

Окажи, хозяин, честь,
Покажись, каков ты есть!
Неприлично как-то гостю
В одиночку пить да есть!

Чай, на острове твоем
Веселей скучать вдвоем –
Где картишки раскидаем,
Где по чарочке нальем!..

Голос

Я бы рад, да мой портрет –
Для меня и то секрет!

Сам порою сумлеваюсь,
То ли есть я, то ли нет!..

У меня забот не счесть:
Есть еда, да нечем есть,
Есть табак, да нечем нюхать,
Есть скамья, да нечем сесть!

Так устал за тыщу лет,
Что не в радость белый свет!
Думал было удавиться, –
Дак опять же шеи нет!

ФЕДОТ

Ай да встреча! Стало быть,
Я сумел тебя добыть –
То-Чаво-На-Белом-Свете –
Вообче-Не-Может-Быть!

Чем, тоскуя да хандря,
Жисть расходовать зазря –
Может, сплаваешь со мною
До расейского царя?..

Прогуляйся, освежись,
С белым светом подружись!
Что за жисть без
приключений –
Просто ужасть, а не жисть!..

Голос

Я полезных перспектив
Никогда не супротив!
Я готов хоть к пчелам в улей,
Лишь бы только в колефтив!

Прикажи – и хоть куды,
Хоть на добычу руды!

Буду вкалывать задаром,
Без питья и без еды!

Я к любому делу гож,
Я в любые двери вхож,
Я тебе что хошь достану,
Хоть подкованную вошь!..

Федот

Вошь, оно, конечно, что ж?
Вошь, оно неплохо тож!
Но на энтой насекомой
Далеко не уплывешь!

Раздобудь мне лучше флот –
Али лодку, али плот,
Раз уж ты такой искусный
В энтом деле полиглот!

Нам к утру, часам к пяти,
Надо быть уже в пути,

Потому как нас в Расее
Заждались уже, поди!..

Скоморох-Потешник

А царь меж тем не теряет времени – принимает посла людоедского племени. Лондоны-Парижи смазали лыжи, царю остались послы пожиже. Царь перед послом так и скачет козлом: мол, вот тебе дочка, бери ее – и точка! Знать, дела уж совсем худы, раз дошло до такой беды! Ну да ладно, бывает и хуже – лишь бы девка была при муже!..

Царь

Добрый день, веселый час!
Рады видеть вас у нас!

Вери гуд, салам алейкум,
Бона сэра, вас ист дас!

Кто вы родом?.. Сколь вам лет?..
Вы женаты али нет?
Не хотите ль с нашей
фройлен
Покалякать тет-а-тет?

Нянька

Перед кем ты, старый бес,
Тут разводишь политес?
Твой посол, я извиняюсь,
Третий день как с пальмы слез!

Будь на ем хотя б картуз –
Не такой бы был конфуз,
А на ем же из одежи –
Ничаво, помимо бус!..

Царь

Ты – шпиенка, энто факт!
Что ни брякнешь – все не в такт!
Ты ж со всею заграницей
Мне порушила контакт!

Я годами жду гонцов,
А она их – из сенцов!
За кого ж тады царевну
Отдавать в конце концов?

Нянька

Ты взгляни ему в лицо:
Уши врозь, в носу кольцо!
Да и кожа вся рябая,
Как кукушкино яйцо!..

Даже я – чаво скрывать? –
Не легла бы с ним в кровать!

Дак неужто нашу девку
За такого отдавать?!

Царь

Коли шансы на нуле,
Ищут злата и в золе!
Девка тоже в смысле рожи
Далеко не крем-бруле!

Ей сойдет теперь любой –
Хошь горбатый, хошь рябой,
Потому как и рябые
К нам не ломятся гурьбой!..

Нянька

Дак ведь он из диких мест,
Во, смотри, чего он ест!
Помнишь вазу из топазу?
Слопал ирод, – вот те крест!

Кабы он просил злодей,
Лососины да груздей –
Дак ведь жрет чаво попало,
От фарфору до гвоздей!

Царь

Что ни просит – он в гостях!
Все неси ему в горстях!
Чай, у нас нехватки нету
Ни в фарфоре, ни в гвоздях?

Коль лосось ему претит –
Пусть он жрет чаво хотит.
Глядь, на сытый-то желудок
И царевну совратит!..

Нянька

Да послы – им дай хоть яд! –
На халяву все съедят!

Может, он и безопасный,
Но пущай за ним следят!

Ты скажи ему, как тесть:
Жри, мол, все – но знай, мол,
честь, –
Потому как он в запале
И царевну может съесть!

Царевна

Чтоб с таким да выйти в свет?
Ну уж дудки!.. ну уж нет!..
Он и так-то неказистый,
Дак ишо и людоед!..

Да пущай он, троглодит,
Всю меня озолотит –
Никакой ответной страсти
Он во мне не возбудит!

Царь

Ты посла-то отзови
Да побудь с ним визави,
А обтерпишься маленько –
Там дойдет и до любви!

Коли энтот троглодит
Твою внешность разглядит –
Он навеки потеряет
К людоедству аппетит!..

Царевна

Сколь, папаша, ты ни ной –
Право выбора за мной!
Отравлюся, а не стану
Людоедовой женой!

А вот ежели придет
С предложением Федот –

Для меня из кандидатов
Энтон будет самый тот!..

Царь

Зарядила, как удод, –
Что ни слово – то Федот!
Окромя Федота, нету
Ни печалей, ни забот!

Твой Федот таперь на дне,
В окиянской глубине,
И – поскольку утонумший –
Не нуждается в жене!..

Царевна

Коли так оно и есть –
Я отказываюсь есть!
Вот тебе моя, папаша
Политическая месть!

Вот не стану есть икру,
Как обычно, по ведру –
И на почве истощенья
Захвораю и помру!..

Царь

Где ни плюнь, куды ни ткни –
От министров до родни –
Все сплошные вольнодумцы,
Все вредители одни!..

Ну и жисть – аж в горле ком!
Нет сочувствия ни в ком!
Вот сыщу лесок поглуше
И устроюсь лесником!..

Скоморох-Потешник

Год прошел, другой идет – воротился домой Федот. А дома-то и нет – торчит один скелет, балки да стропила, да кругом крапива. А под карнизом комочком сизым свернулась птица, лесная голубица...

Федот

Ну-ко, женушка, давай
Стол для мужа накрывай!
Доставай-ко из духовки
Порумяньше каравай!

Наливай ядреных щей
Пожирней да погущей,
Я кощея стал тощее
От заморских овощей!

В цельном доме никого,
Кроме ветра одного!
Подозрительное дело,
Не случилось ли чаво?..

Голубица превращается в Марусю.

Маруся

С возвращением, Федот!
Долго ж длился твой поход!
Аль забыл свою Марусю,
Что не ехал цельный год?

За границей-то, поди,
Развлечений – пруд пруди!
Приглядел, поди, подружку
Да пригрелся на груди!..

Федот

Повидал я белый свет –
Жозефин и Генриетт –
Но таких, как ты, красавиц
Среди них, Маруся, нет!

А ходил я за моря,
Хоть и долго, да не зря –
Сполнил все ж таки заданье
Хитроумного царя!..

МАРУСЯ

Кабы ведал ты, Федот,
На кого ты тратишь пот, –
Дак и шагу бы не сделал
От родимых-то ворот!

Ты уехал – он, срамной,
Стал ухаживать за мной,
Уговаривал охальник
Стать евойною женой!

ФЕДОТ

Да неужто?.. Ах злодей!..
Вот и верь таперь в людей,

Вот и стой за честь мундира,
Вот за службу и радей!..

Ну да ладно, я ему
Растолкую, что к чему!
Я его до самых пяток
Распишу под хохлому!..

Хватит делать дураков
Из расейских мужиков!
Мне терять теперя неча,
Кроме собственных оков!

Скоморох-Потешник

Осерчал Федот, созвал честной народ. Решили соседи пособить Феде. Фрол взял кол, Устин взял дрын, Игнат взял ухват. Егор взял топор. И все за Федотом – к царевым воротам. А навстречу им генерал, черт бы его подрал! Подскочил бочком, поводил зрачком, произвел догляд – и к царю на доклад!..

Генерал

Там собрался у ворот
Энтот... как его... народ!
В обчем, дело принимает
Социяльный оборот!

А всему виной Федот,
Энто он мутит народ –
Подбивает населенье
Учинить переворот!..

Царь

Ну а ты у нас на кой,
С вострой саблею такой?
Мы ж за то тебя и держим,
Чтоб берег царев покой!

Опосля дождя в четверг
Дам ишо медальку сверх,
Только ты уж постарайся,
Чтоб народ меня не сверг!..

Генерал

Ишь, медаль!.. Большая честь!..
У меня наград не счесть:
Весь обвешанный, как елка,
На спине – и то их шесть!..

Охранять тебя от бед
Мне теперь резону нет!
Ты за собственную подлость
Сам должон держать ответ!..

Скоморох-Потешник

Дурило из дурил, а как заговорил!
Хоть и злится царь – а попробуй

вдарь! Не такое время, чтобы бить в темя. Вышел царь на крыльцо, сделал строгое лицо, а на площади народу – вся Расея налицо!

Царь

Энто как же, вашу мать,
Извиняюсь, понимать?
Мы ж не Хранция какая,
Чтобы смуту подымать!

Кто хотит на Колыму –
Выходи по одному!
Там у вас в момент наступит
Просветление в уму!

Федот

Что касается ума –
Он светлехонек весьма:

Слава Богу, отличаем
Незабудку от дерьма!

Ты пошто меня скорей
Отослал за сто морей?
Не затем ли, чтоб жениться
На супружнице моей?..

Царь

Энто где же ты, злодей,
Набрался таких идей,
Чтоб клепать чаво попало
На порядочных людей!

Да к лицу ли энто мне –
Приставать к твоей жене?..
Вот и шли вас, обормотов,
В заграничные турне!..

ФЕДОТ

Ты не больно-то серчай –
Мы к тебе, чай, не на чай!
Ну а будешь гоношиться, –
Съезжу в рыло невзначай!

О тебе, о подлеце,
Слава аж в Череповце!
Ты всему народу в душу
Наплевал в моем лице!..

ЦАРЬ

Зря ты, Федя!.. Для меня
Мой народ – моя родня.
Я без мыслей об народе
Не могу прожить и дня!..

Утром мажу бутерброд –
Сразу мысль: а как народ?

И икра не лезет в горло,
И компот не льется в рот!

Ночью встану у окна
И стою всю ночь без сна –
Все волнуюсь об Расее,
Как там, бедная, она?

А виновник – генерал,
Интриган и аморал!
Энто он, коровья морда,
Честь цареву обмарал!

Пусь он выйдет – где он там?
Я сейчас ему задам.
Я сорву с него медальку,
Да медалькой – по мордам!..

Генерал

Что вы, братцы?.. Я ж за вас
Потерял в атаке глаз!..
Нешто я когда посмею
Супротив народных масс!..

Не сумел. Не устоял.
Не имел. Не состоял.
Не был. Не был. Не был. Не был.
Даже рядом не стоял!..

Оправдаю. Отслужу.
Отстрадаю. Отсижу.
К угнетающей верхушке
Больше не принадлежу!..

А виновница – яга!
Нет опаснее врага!
Перед ней и сам Горыныч –
Так, не змей, а мелюзга!

Ну-ко где ты, егоза?
Посмотри людям в глаза!
Лично я не удержуся –
Врежу саблей два раза!..

Баба-яга

Я – фольклорный элемент,
У меня есть документ.
Я вообче могу отседа
Улететь в любой момент!

За жару ли, за пургу
Все бранят меня, каргу,
А во мне вреда не больше,
Чем в ромашке на лугу!

Ну случайно, ну шутя,
Сбилась с верного путя!
Дак ведь я – дитя природы,
Хоцщь дурное, но – дитя!

Коль судить, дак тех, двоих,
Соучастников моих.
Энто я по виду – нечисть,
А по сути – чище их!..

Федот

Ну и ушлый вы народ –
Ажно оторопь берет!
Всяк другого мнит уродом,
Несмотря, что сам урод.

Хоть вобче расейский люд
На расправу и не лют –
Но придется мне, робяты,
Учинить над вами суд.

Царь

Пощади меня, стрелец!
Я – мерзавец! Я – подлец!..

Я сошлю себя в Воронеж,
Я сошлю себя в Елец!..

Только не на Магадан,
Энто мне не по годам:
Я пока туды доеду,
Опасаюсь, дуба дам!..

Генерал

Сознаю свою вину.
Меру. Степень. Глубину.
И прошу меня направить
На текущую войну.

Нет войны – я все приму –
Ссылку. Каторгу. Тюрьму.
Но желательно – в июле,
И желательно – в Крыму.

Баба-яга

А куды ж меня, вдову?..
Разве только что в Хиву?..
Я и так уж на отшибе –
Дальше некуда! – живу.

Мне для отдыха души
Подошли бы Тетюши!
Тама в смысле медицины
Травы больно хороши!..

Федот

Мы посадим вас в бадью,
Кинем в море – и адью!
Обойдетесь и бадьею –
Не давать же вам ладью!

И неси вас, окиян,
Прям на остров на Буян!

Ну а чтоб не одичали,
Вот вам личный мой баян.

Правда, он – моя вина! –
Не играет ни рожна,
Но какая-никакая,
А культура вам нужна!

Царевна

Что касается царя –
Пусть он едет за моря.
Мне евойные проблемы
Глубоко до фонаря!

Он, наказанный судьбой
За коварство и разбой.
Энто он, упырь проклятый,
Разлучал меня с тобой!

Слава Богу, наконец
Узюрпатору конец,
И теперь мы можем смело
Отправляться под венец!..

Федот

Я бы рад, да мне в дому
Две супруги ни к чему!
Обратись на энту тему
К неженатому кому!..

Нянька

Ты, никак, сошел с ума?
Рыбка в сеть плывет сама!
Чай, не всем такое счастье
Достается задарма!

Али думаешь, за ней
Мало бегает парней?
В ейном списке кандидатов
Есть робяты недурней!

Все с волнением в крови
Ждут царевниной любви,
Кункуренция такая –
Прям хоть дустом их трави!

Даве сватались чуть свет
Разом турок, грек и швед, –
Дак с порогу получили
Отрицательный ответ!

А уж нищему стрельцу
Спесь и вовсе не к лицу.
Забирай, дурак, царевну
И тащи ее к венцу!..

Федот

Я не турок и не грек,
Я – семейный человек,
И с женой моей Марусей
Не расстанусь вовек!

Царевна

Стало быть, тебе невмочь
Горю девичью помочь?
Но ведь я ишо покамест
Как-никак царева дочь!

Коли я не получу
От тебя чаво хочу –
Ты отправишься отседа
Прямо в лапы к палачу!

Нянька

Ты уж больно горяча!
Где ты сыщешь палача?
Он, кады папаню свергли,
Тут же задал стрекача!

Нам таперь – имей в виду! –
Надо быть с толпой в ладу:
Деспотизм сейчас не в моде,
Демократия в ходу.

Уезжала б ты отсель
В энтот... как его... в Бруссель,
Раз такая происходит,
Извиняюсь, карусель!

Ты прости ее, Федот, –
У нее в уму разброд,
У нее от книжек мысли
Стали задом наперед.

Начиталася Дюма –
Вот и сбрендила с ума!
Перебесится маленько –
Успокоится сама!..

ФЕДОТ

Брось, царевна, не грусти!
И мослами не хрусти!
Что любовь у нас не вышла –
Ты за то меня прости!

Но, поскольку я в долгу
Оставаться не могу,
Я тебе в твоем несчастье –
Как сумею – помогу!

Я от Тулы до Торжка
Все обшарю до вершка,
Хоть со дна тебе морского –
А добуду женишка!

ЦАРЕВНА

Я согласна!.. Только все ж
Не любой мне будет гож.
Я хочу такого мужа,
На тебя чтоб был похож!

Будь он швец там али жнец,
Лекарь, пекарь аль кузнец –
У меня одно условье:
Пусть он будет твой близнец!..

ФЕДОТ

Я твою, дружок, мечту
Обязательно учту,
Хоть такие экземпляры
Все в Расее на счету.

Что касается ума –
Дубликатов мне нема.
Впрочем, энто, я надеюсь,
Ты заметила сама.

Ну да слово молодца
Все ж не жиже холодца:
Раз уж я пообещался –
Раздобуду близнеца!

А теперь, честной народ,
Вынь-ка рожи из бород!
Чай, у нас не панихида,
А совсем наоборот!

Нам теперь не слезы лить –
Песни петь да меды пить!..
Ну-ко встань передо мною,
То-Чаво-Не-Может-Быть!..

Голос

Я давно уж тут стою,
У крылечка на краю,
Жду, покамест ты закончишь
Совещанию свою!..

Федот

Угости честной народ
От заморских-то щедрот!
Чай, они таковской пищи
Отродясь не брали в рот.

Предложи им наяву
Самаркандскую халву,
И турецкую фисташку,
И персидскую айву!

Ставь на скатерть все подряд –
Шоколад и мармелад,

И голландскую грудинку,
И чухонский сервелат!

Не забудь швейцарский сыр,
Тот, который весь из дыр!
Закати нам пир на славу,
Каковых не видел мир!

Ну а коль попросит кто
Бражки граммов эдак сто –
Ничаво: сегодня можно!..
Слава Богу, есть за что!..

Эй, Игнат, Егор, Ульян,
Ну-ко гляньте, кто не пьян!
Я привез вам чуду-юду
Из заморских, значит, стран!..

Он способен в вашу честь
Горы каменные снесть.

Говори мечту, робяты,
У кого какая есть!..

Что молчите? Эй, народ!
Аль воды набрали в рот?
Нешто нонича в Расее
И с мечтою недород?!.

1-й мужик

Мне – махорки!

2-й мужик

Мне – кисет!

3-й мужик

Мне – скамейку для бесед!

4-й мужик

Ну а мне – чтоб помер Колька,
Мой удачливый сосед!

Федот

Да, мечта у вас, видать,
Воспитанию под стать!
Надо всё-ж-таки, робяты,
Посурьёзнее мечтать!..

1-й мужик

Мне – кушак!

2-й мужик

Мне – леденец!

3-й мужик

Мне – на шапку бубенец!

4-й мужик

Ну а мне – сосед мой Колька
Чтобы помер наконец!..

Федот

Видно, ум ваш от тоски
Весь распался на куски!
И мечтать-то вы, робяты,
Разучились по-людски!..

1-й мужик

Мне – пломбиру!

2-й мужик

Мне – ситра!

3-й мужик

Мне – рассолу для нутра!

4-й мужик

Ну а мне – сосед мой Колька
Чтоб не дожил до утра!

Федот

Нешто нет у вас мечты,
Чтоб без злобы и тщеты
Обняла бы всю Расею
От Калуги до Читы?..

Пьяный мужичонка

Как же, есть у нас мечта,
Предыдущим не чета!
И Москва ей будет рада,
И Калуга, и Чита!

Пусть он, мать его туды,
Нам очистит все пруды,
А в пруды напустит водки,
Чтоб текла взамен воды!..

Праздник выльется у нас
В торжество народных масс,
А когда ж в Расее было,
Чтобы массы пили квас?!.

Федот

Завтра каждый индивид
Должен сесть за алфавит.

Кто не знает алфавита –
Пусть мечтать не норовит!

А теперь, честной народ,
Вынь-ка рожи из бород!
Чай, у нас не панихида,
А совсем наоборот!

Нам теперь не слёзы лить –
Песни петь да мёды пить!
Ну-ко стань передо мною,
То-Чаво-Не-Может-Быть!

Скоморох-Потешник

Был и я на том пиру, ел зернистую икру. Пров ел плов. Филат ел салат. Устин ел галантин. А Федот-стрелец ел соленый огурец. А как съел он огурец, тут и сказке конец! А что сказка дурна – то рассказчика вина. Изловить бы дурака да отвесить тумака, ан нельзя никак – ведь рассказчик-то дурак! А у нас спокон веков нет суда на дураков!..

Литературно-художественное издание

Филатов Леонид Алексеевич

ПРО ФЕДОТА-СТРЕЛЬЦА, УДАЛОГО МОЛОДЦА

Сказка для театра
по мотивам русского фольклора

Компьютерная верстка: *А. Щукин*
Корректура: *М. Суховицкая*

Подписано в печать с готовых диапозитивов
заказчика 25.02.09. Формат 70×90 1/32.
Бумага газетная. Печать высокая с ФПФ.
Усл. печ. л. 15,12. Доп. тираж 7000 экз. Заказ 391.

Общероссийский классификатор продукции
ОК-005-93, том 2; 953000 — книги, брошюры

Санитарно-эпидемиологическое заключение
№ 77.99.60.953.Д.009937.09.08 от 15.09.2008 г

ООО «Издательство АСТ»
141100, Россия, Московская область,
г. Щелково, ул. Заречная, д. 96
Наши электронные адреса:
WWW.AST.RU E-mail: astpub@aha.ru

ООО «Издательство Зебра Е»
121069, Москва, Скатертный пер., д. 28
тел.: (495) 202-38-88
e-mail: zebrae@rambler.ru

Издано при участии ООО «Харвест».
ЛИ № 02330/0150205 от 30.04.2004.
Республика Беларусь, 220013, Минск,
ул. Кульман, д. 1, корп. 3, эт. 4, к. 42.
E-mail редакции: harvest@anitex.by

ОАО «Полиграфкомбинат им. Я. Коласа».
ЛП № 02330/0056617 от 27.03.2004.
Республика Беларусь, 220600, Минск, ул. Красная, 23.